FINANZ-UND VERMÖGENSANSPRÜCHE

 FINANZ-UND VERMÖGENSANSPRÜCHE

FINANZ-UND

VERMÖGENSANSPRÜCHE

DAS GROßE BUCH DER MÄCHTIGEN AFFIRMATIONEN UND PHRASEN DER FINANZGURUS!

FINANZ-UND VERMÖGENSANSPRÜCHE

Inhalt

Einführung

Kapitel 1: Was ist mit Finanz- und Vermögensansprüchen?

Kapitel 2: Finanzielle Zitate

Kapitel 3: Allgemeine Finanzberichte

Kapitel 4:Finanzielle Zitierungen bei Investitionen

Kapitel 5: Schlussfolgerung

FINANZ-UND VERMÖGENSANSPRÜCHE

 FINANZ-UND VERMÖGENSANSPRÜCHE

Einführung

Viele Menschen wollen mehr Einkommen erzielen, ihr Vermögen vergrößern, schuldenfrei und finanziell abgesichert werden. Viele Menschen fragen sich, warum einige wenige Menschen mit viel Einkommen gesegnet sind und andere nicht.

Nun, es gibt viele Geheimnisse im Leben, aber ein Prinzip, das so alt wie die Zeiten ist, ist das Gesetz der Anziehung. Hier erhalten Sie alle Informationen, die Sie benötigen.

Kapitel 1: Was ist mit Finanz- und Vermögensansprüchen?

Was ist das Gesetz der Anziehung? Es ist seit dem wilden Ruhm von Büchern wie "The Secret" und dem Film "The Secret" zu einem immer beliebteren Viruswort geworden.

Doch schon lange vor "The Secret" haben Einzelpersonen positive Affirmationen und Visualisierungen genutzt, um die Dinge, die sie sich wünschen, in ihr Leben zu ziehen.

Das Prinzip ist ganz einfach. Im Wesentlichen besagt das Gesetz der

FINANZ-UND VERMÖGENSANSPRÜCHE

Anziehung, dass sich alles, was Sie denken oder fühlen, in Ihrem Leben manifestiert.

Haben Sie zum Beispiel schon einmal an einen alten Bekannten gedacht, mit dem Sie lange nicht mehr gesprochen haben? Sie stellen in Frage, was sie tun, und plötzlich fängt jemand an, über sie zu reden, oder sie tauchen auf irgendeine verrückte Weise in Ihrem Leben auf - Sie fügen sich selbst zum Beispiel als Freund auf Facebook hinzu.

So funktioniert das Gesetz der Anziehung.

Jeden Tag gehen uns Tausende von Gedanken durch den Kopf, und das Entscheidende ist, dass wir diese Gedanken und Gefühle fein abstimmen und auf das

FINANZ-UND VERMÖGENSANSPRÜCHE

konzentrieren, was wir wollen, damit das, was wir wollen, auch erscheint!

Der Grund dafür, dass die meisten Menschen kein oder kein leicht zu verdienstendes Einkommen haben, liegt darin, dass sie schädliche Assoziationen und Vorstellungen über Einkommen haben.

Wenn Sie glauben, dass Einkommen Sie bösartig macht, oder dass Einkommen schwer zu erwerben ist, oder dass jeder, der Einkommen hat, jemanden betrogen haben muss, oder dass Personen, die Einkommen haben, egoistisch sind, dann werden Sie natürlich keinen Wohlstand in Ihr Leben ziehen. Wenn Sie sich ständig auf Ihre Schulden konzentrieren, werden Sie immer verschuldet sein.

FINANZ-UND VERMÖGENSANSPRÜCHE

Wenn Sie anfangen, sich auf das Einkommen als eine einfache Energie zu konzentrieren, die leicht in Ihr Leben fließen kann, werden Sie überrascht sein, wie leicht das geht. Affirmationen können dazu beitragen, Ihre Gedanken und Gefühle in Bezug auf Einkommen zu formen, so dass Sie beginnen werden, Ihre Vorstellungen zu ändern und mehr Einkommen zu verdienen.

Es ist entscheidend, dass Ihre Einkommenserklärungen für Sie glaubwürdig sind.

Wenn Sie sich ihnen widersetzen, wird es nicht wirksam sein, Wohlstand anzuziehen und Einkommen zu erzielen. Wenn sich also eine Aussage wie "Ich werde dieses Jahr eine

Million Dollar verdienen" nicht als machbar anfühlt, wird sie nicht erscheinen, selbst wenn man sie macht.

In diesem Buch gibt es Einkommenserklärungen und Einkommensquotierungen, die ich in der Vergangenheit und im Hier und Jetzt verwendet habe und die mir helfen, Einkommen zu erzielen, Einkommen zu bekommen und freies Einkommen einfach in meinem Leben auftauchen zu lassen.

Es ist von entscheidender Bedeutung, echte Dankbarkeit für alles, was einem geschenkt wird, authentisch zu empfinden. Dankbarkeit ist einer der Schlüssel zum Glück und zum Wohlstand.

FINANZ-UND VERMÖGENSANSPRÜCHE

Die Illustration "Ich möchte lebenslang in einer befriedigenden Beziehung sein" und "Ich möchte nicht traurig und allein enden" mögen wie zwei Arten erscheinen, dasselbe zu sagen. Sie sind es nicht. In Ihrem Unterbewusstsein sagen sie das Gegenteil.

Ihr Unterbewusstsein versteht den Unterschied zwischen "Ich wünsche" und "Ich wünsche nicht" nicht. Es hört einfach "erfüllende Beziehung fürs Leben" oder "traurig und einsam".

Wenn Sie Ihre Affirmation meistern wollen, um den von Ihnen gewünschten Reichtum und Wohlstand zu erzeugen, müssen Sie es richtig machen.

FINANZ-UND VERMÖGENSANSPRÜCHE

Obwohl positive Affirmationen in vielen Formen auftreten, bleibt die Struktur dieselbe. Welche Form Sie auch wählen, seien Sie so klar, speziell und präzise wie möglich:

Ich bin: Eine Bekräftigung dessen, wer Sie sind.

Dies sind positive Affirmationen eines wahren Seinszustandes, der in Ihnen lebt. Sie können eine vollständige Liste von "Ich bin"-Aussagen erreichen, indem Sie eine günstige persönliche Bestandsaufnahme Ihrer Eigenschaften, Stärken, Talente und Kompetenzen vornehmen.

- Ich bin geistig, körperlich und seelisch vollkommen gesund.

FINANZ-UND VERMÖGENSANSPRÜCHE

- Ich bin ein Meister im Denken und setze meine Weisheit jeden Tag ein.
- Alles, wofür ich arbeite, ist für mich eine Leidenschaft.

Ich schaffe das: Eine Aussage über Ihr Potenzial.

Dies ist ein günstiger Ausdruck Ihrer Macht, Ziele zu erreichen. Es ist ein Ausdruck Ihres Vertrauens in Ihre Fähigkeit, zu wachsen, sich zu verändern und sich selbst zu helfen.

I can"-Aussagen können entworfen werden, nachdem Sie eine Reihe von Zielen festgelegt haben.

 FINANZ-UND VERMÖGENSANSPRÜCHE

- Ich kann meinen Partner bedingungslos lieben.
- Ich kann leicht mit dem Rauchen aufhören.
- Ich kann mein Geschäft ausbauen und finanziell frei sein.

Ich werde es tun: Eine Aussage über einen günstigen Wandel in Ihrem Leben.

Günstige Aussagen darüber, was Sie sich wünschen. Eine Prophezeiung des Erfolgs. Die Bekräftigung meines Willens erfolgt, nachdem Sie Ihre Prioritäten und Ziele festgelegt haben. Viele Male kann das Wort "wird" entfernt werden, um die Aussage ins Hier und Jetzt zu bringen.

- Ich werde mich jeden Tag besser lieben und nähren.

 FINANZ-UND VERMÖGENSANSPRÜCHE

- Ich werde jeden Tag mehr Vertrauen in mich selbst gewinnen.
- Ich werde meine Visualisierungen jeden Tag machen.

Kapitel 2: Finanzielle Zitate

Finanz- und Vermögensdatierungen können Sie inspirieren. Werfen wir einen Blick auf einige.

Zitate

- "Frauen täuschen Orgasmen vor und Männer täuschen Finanzen vor". - Suze Orman

- "Wenn man zu den glücklichsten einem Prozent der Menschheit gehört, ist man es dem Rest der Menschheit schuldig, an die anderen 99 Prozent zu denken" - Warren Buffett

FINANZ-UND VERMÖGENSANSPRÜCHE

- "Regel Nr. 1: Verliere niemals Geld. Regel Nr. 2: Vergiss niemals Regel Nr. 1" Warren Buffett

- "Ein Mann hat immer zwei Gründe für das, was er tut... einen guten und den wahren." J.P. Morgan

- "Ich versuche nicht zu leihen, erst leihen Sie, dann betteln Sie." - Ernest Hemingway

- "Prognosen können Ihnen viel über den Prognostiker sagen; sie sagen Ihnen nichts über die Zukunft. - Warren Buffett

- "Menschen der gleichen Branche treffen sich selten, auch nicht zum Spaß, aber das Gespräch endet in einer Verschwörung gegen die Öffentlichkeit oder in einem Trick, um die Preise zu erhöhen" - Adam Smith, The

FINANZ-UND VERMÖGENSANSPRÜCHE

Wealth of Nations: An investigation into the nature and causes of the wealth of nations

- "Ihre Handlungen sind Ihr einzig wahrer Besitz." - Allan Lokos, Geduld: Die Kunst des friedlichen Lebens.

- "Diese Geschichte ist das jüngste Beispiel für das größte politische Problem Amerikas.

Wir haben nicht mehr die Aufmerksamkeitsspanne, um mit irgendeiner Krise des 21. Jahrhunderts fertig zu werden.

Wir leben in einer ungeheuer komplexen Wirtschaft und sind der kleinen Gruppe von Menschen, die sie verstehen, völlig ausgeliefert - die übrigens oft zufällig dieselben Leute sind, die diese wahnsinnig komplexen Wirtschaftssysteme aufgebaut haben. Wir müssen darauf vertrauen, dass diese Menschen das Richtige tun, aber das können wir nicht, weil sie Abschaum sind.

FINANZ-UND VERMÖGENSANSPRÜCHE

Was ein großes Problem ist, wenn man darüber nachdenkt. Matt Taibbi, Griftopia: Seifenblasenmaschinen, Vampir-Tintenfisch und der lange Schwindel, der Amerika auseinanderreißt.

- "Unsere moralische Wirtschaft ging lange vor der finanziellen in Konkurs." Steve Maraboli, Keine Entschuldigung: Reflexionen über das Leben und die menschliche Erfahrung.

- "Der grundlegende Betrug im Internet-Zeitalter ist selbst für die finanziell Analphabeten ziemlich leicht zu verstehen. Es war wie bei Banken wie Goldman, die Bänder um Wassermelonen wickelten, sie aus fünfzehnstöckigen Fenstern warfen und die Telefone öffneten, um Angebote zu machen. In diesem Spiel ist man nur dann ein Gewinner, wenn man sein Geld herausbekommt, bevor die Melone auf dem Bürgersteig aufschlägt" - Matt Taibbi, Griftopia: Seifenblasenmaschinen, Vampir-

FINANZ- UND VERMÖGENSANSPRÜCHE

Tintenfisch und der lange Betrug, der Amerika bricht

- "Der Preis ist nicht nur eine Frage der Zahlen. Es ist ein befriedigendes Opfer". Toba Beta, Meister der Dummheit

- "Unternehmer sind wie Haie, nicht nur, weil wir grau und ein wenig schmierig sind oder weil unsere Zähne den Eingeweiden derer folgen, die wir ausgeweidet haben, sondern weil wir weiterziehen oder sterben müssen" - Stanley Bing

- "Niemand sollte eine Frau im Stich lassen, nachdem er in ihrer Not viel Gold auf sie geworfen hat! Er sollte sie für immer lieben! Sie sind jung, erst einundzwanzig, und Sie sind freundlich und aufrecht und fein.

Sie werden mich fragen, wie eine Frau Geld von einem Mann annehmen kann. Oh Gott, ist es nicht natürlich, alles mit demjenigen zu teilen, dem wir unser ganzes Glück verdanken? Wenn man alles gegeben hat, wie kann man dann über einen bloßen Teil davon streiten? Geld ist erst dann wichtig, wenn das Gefühl aufgehört hat. Ist man nicht fürs Leben bestimmt? Wie kann man eine Trennung voraussehen, wenn man glaubt, dass jemand einen liebt? Wenn ein Mann ewige Liebe schwört, wie kann es in diesem Fall getrennte Anliegen geben? - Honoré de Balzac, Pater Goriot

- "Man könnte immer noch in die Industrie, an eine Universität oder an die Regierung gehen, und wenn man sie davon überzeugen könnte, dass etwas auf dem Spiel steht, dann könnten sie das Geld reinstecken, nachdem sie sich von fast allen Gewinnen abgeschnitten haben. Und natürlich würden sie die Show leiten, weil es ihr Geld war und alles, was Sie getan hatten, war Schweiss und Blut. - Clifford D. Simak, Alle Fallen der Erde

FINANZ- UND VERMÖGENSANSPRÜCHE

- "In vielerlei Hinsicht war die Auswirkung des Unfalls auf die Veruntreuung bedeutender als auf den Selbstmord. Für den Wirtschaftswissenschaftler ist die Veruntreuung das interessanteste Verbrechen. Nur unter den verschiedenen Formen des Diebstahls hat sie einen Zeitparameter. Zwischen der Begehung des Verbrechens und seiner Aufdeckung können Wochen, Monate oder Jahre vergehen (dies ist übrigens ein Zeitraum, in dem der Veruntreuer seinen Gewinn hat und der Veruntreute merkwürdigerweise keinen Verlust empfindet). Es gibt eine Nettozunahme des psychischen Reichtums).) Zu jeder Zeit gibt es ein Inventar unentdeckter Veruntreuungen in - oder genauer gesagt, nicht in - den Geschäften und Banken des Landes. Dieses Inventar - vielleicht sollte man es als Veruntreuung bezeichnen - beläuft sich zu einem bestimmten Zeitpunkt auf viele Millionen

FINANZ-UND VERMÖGENSANSPRÜCHE

Dollar. Sie variiert auch in ihrer Größe mit dem Konjunkturzyklus.

In guten Zeiten sind die Menschen entspannt, zuversichtlich, und Geld ist im Überfluss vorhanden. Aber auch wenn Geld im Überfluss vorhanden ist, gibt es immer viele Menschen, die mehr brauchen. Unter diesen Umständen steigt die Rate der Veruntreuung, die Rate der Aufdeckung sinkt, und die Veruntreuung nimmt rasch zu. In der Depression wird all dies umgekehrt.

Das Geld wird mit einem schmalen und misstrauischen Auge beobachtet. Der Mann, der damit umgeht, soll so lange unehrlich sein, bis er das Gegenteil beweist. Audits sind allgegenwärtig und akribisch. Die Geschäftsmoral hat sich enorm verbessert. Die Lünette schrumpft. John Kenneth Galbraith

FINANZ-UND VERMÖGENSANSPRÜCHE

- Genauso wie der Boom die Wachstumsrate beschleunigte, beschleunigte Crack die Entdeckungsrate erheblich. Innerhalb weniger Tage wurde etwas, das dem allgemeinen Vertrauen nahe kam, zu etwas, das dem allgemeinen Misstrauen nahe kam. Audits wurden angeordnet. Angespanntes oder beunruhigendes Verhalten wurde festgestellt. Vor allem aber machte der Zusammenbruch der Aktienwerte die Position des Mitarbeiters, der veruntreut hatte, um auf dem Markt zu spielen, uneinlösbar. Er hat nun gestanden."

John Kenneth Galbraith, Der große Schock von 1929

- "Persönliche Finanzen sind wie die persönliche Gesundheit eines Menschen, entscheidend und tragisch für den Betroffenen, aber ermüdend für den Zuhörer."- Thomas Keneally, Schindler finden: Eine Erinnerung

FINANZ-UND VERMÖGENSANSPRÜCHE

- "Der Punkt des Ruhestands ist es, von seinem Vermögen zu leben, nicht von ihm." Frank Eberhart

- "Die erste Regel beim Geldverdienen ist, es nicht zu verlieren". - Steven J.

Lee, The Money Plan: Persönlichen Reichtum für eine sichere Zukunft schaffen

- "Bin ich verschuldet? Ich bin ein echter Amerikaner!" - Von "vollkommen Fremden"

- "Die Tugenden des freien Unternehmertums können durch Gier und Täuschung verzerrt werden". - Allan Lokos, Geduld: Die Kunst des friedlichen Lebens

- "Sie werden Ihre Anlageberaterin nicht lieben, denn wenn sie so klug wäre, wäre sie schon längst im Ruhestand. - Steven J. Lee,

FINANZ-UND VERMÖGENSANSPRÜCHE

Der Geldplan: Persönlichen Reichtum für eine sichere Zukunft schaffen

- "Sie werden nicht vergessen, dass Geld nur Geld ist und nicht Charakter oder Ruhm." - Steven J. Lee, Der Geldplan: Persönlichen Reichtum für eine sichere Zukunft schaffen

- "Ich sehe tote Präsidenten. Lincoln, Jefferson, Franklin und Washington". - Nicole Fende, Wie man ein Finanz-Rockstar wird

- Viele Kleinunternehmen würden lieber einer Horde wütender Barbaren gegenüberstehen, als sich mit ihrer Cash-Flow-Situation auseinanderzusetzen oder den Preis für ein neues Produkt festzulegen" - Nicole Fende, How to be a Finance Rock Star

- "Nun, siehst du das Mädchen da drüben, die aus der Gruppe, die dich immerzu ansieht?"... "Nun, sagen wir, ich bin

28

FINANZ-UND VERMÖGENSANSPRÜCHE

überzeugt, dass sie einen schwarzen Slip trägt - für mich sieht sie aus wie ein Mädchen in einem schwarzen Slip - und ich bin so sicher, dass sie das trägt, so sicher, dass ich eine Million Dollar wetten möchte. Das Problem ist, wenn ich falsch liege, bin ich erledigt. Ich wette also auch, dass sie Höschen trägt, die nicht schwarz sind, sondern aus einem ganzen Korb von Farben - sagen wir, ich setze neunhundertfünfzigtausend Dollar auf diese Möglichkeit: Das ist der Rest des Marktes; das ist die Absicherung. Das ist in jeder Hinsicht ein grobes Beispiel, aber hören Sie mir zu. Nun, wenn ich Recht habe, verdiene ich fünfzigtausend, aber selbst wenn ich Unrecht habe, werde ich fünfzigtausend verlieren, weil ich abgesichert bin. Und weil 95 Prozent meiner Million Dollar nicht in Gebrauch sind...

Ich werde nie aufgefordert werden, es zu beweisen: Das einzige Risiko liegt in der Spanne - ich kann ähnliche Wetten mit anderen Leuten abschließen. Oder ich kann auf etwas ganz anderes setzen. Und das Beste ist, dass ich nicht immer Recht haben muss - wenn ich die Farbe Ihrer Unterwäsche in fünfundfünfzig Prozent der Fälle richtig hinbekomme, werde ich am Ende sehr reich..." - Robert Harris, Der Angst-Index

- "Wenn Sie der Bank von England zehn Pfund schulden, werden Sie ins Gefängnis gesteckt, aber wenn Sie eine Million Pfund schulden, werden Sie in den Verwaltungsrat aufgenommen" - Philippe Ries

- "Das Kapital, das im 18. und 19. Jahrhundert durch verschiedene Formen der Sklavenwirtschaft angehäuft wurde, zirkuliert immer noch", sagte De Jong, "zieht weiterhin Interesse auf sich, nimmt um ein Vielfaches zu und blüht immer wieder auf" - W.G. Sebald

Kapitel 3: Allgemeine Finanzberichte

Sie sind in der Lage, sich selbst zu großem Reichtum und Wohlstand zu bekennen. Lassen Sie uns einige Affirmationen betrachten.

Affirmationen

- Mein finanzieller Überfluss ist heute übervoll.

- Die Gegenwart der Freude in meinem Herzen setzt eine Fülle von Gutem in meinem Leben frei.

FINANZ-UND VERMÖGENSANSPRÜCHE

- Ich war dazu bestimmt, wohlhabend zu sein. Ich habe viel zu teilen und zu retten.

- Jetzt verdiene ich ein Vermögen mit dem, was ich liebe.

- Geld kommt leicht und frei.

- Jetzt gebe und empfange ich freier.

- Jetzt ziehe ich mühelos Geld an.

- Jetzt bin ich ein starker Geldmagnet.

- Ich reagiere sofort im Glauben auf die Führung des Heiligen Geistes in mir. Ich bin immer zur richtigen Zeit am richtigen Ort, denn meine Schritte werden von der Höheren Macht angeordnet.

FINANZ-UND VERMÖGENSANSPRÜCHE

- Die Höhere Macht hat mir alles gegeben, was zum Leben und zur Frömmigkeit gehört, und ich bin in der Lage, alles zu besitzen, was die Höhere Macht für mich vorgesehen hat.

- Reichtum strömt in mein Leben.

- Ich werde ein Zuhause voller Freude und Frieden schaffen.

- Ich bin frei von Schulden

- Ich erhöhe ständig mein Einkommen

- Ich bin finanziell frei

- Die Höhere Macht ist die unerschöpfliche und unbegrenzte Quelle meiner Versorgung. Mein finanzielles Einkommen steigt nun mit dem Segen der Höheren Macht.

FINANZ-UND VERMÖGENSANSPRÜCHE

- Ich ziehe jetzt unglaubliche Gelegenheiten an, meinen Reichtum und mein Leben zu vergrößern.

- Ich habe jetzt sorgenfreie finanzielle Freiheit in der Welt!

- Ich danke Gott für meine finanziellen Werte.

- Jetzt kann ich mein Geld vernünftig anlegen.

- Jetzt erhalte ich göttliche Weisheit in Geldangelegenheiten.

- Ich erhalte nicht nur Geld, sondern ich gebe auch Geld.

- Jetzt ziehe ich leicht Geld an.

FINANZ-UND VERMÖGENSANSPRÜCHE

- Wenn ich gebe, wird mir in gutem Maße gegeben, ich werde gequetscht, geschüttelt und überfahren (bitte beachten Sie, dass Geben in allen Formen kommt...Geld, eine helfende Hand, Ihre Zeit für einen anderen, Ihre Ermutigung, Ihr Lächeln. Alles, was Sie brauchen, ist die Bereitschaft, für diesen Tag zu geben, wie angewiesen).

- Ich verdiene jetzt ($) pro Monat.

- Ich habe ($) am Ende dieser Woche.

- Ich kann jetzt ($) pro Woche/Monat an die weniger Glücklichen geben.

- Meine Finanzen sind göttlich gesegnet.

- Ich habe jetzt die Kontrolle über meine Finanzen.

FINANZ-UND VERMÖGENSANSPRÜCHE

- Ich bin wie ein Baum, der an Flüssen aus Wasser gepflanzt wird, ich trage Früchte in meiner Zeit, mein Blatt verwelkt nicht, und alles, was ich tue, wird gedeihen. Die Gnade der höheren Macht lässt sogar meine Fehler gedeihen.

- Ich ziehe Gelegenheiten für mich selbst an

- Ich bin ein Geldmagnet. Ich sehe mich selbst als Milliardär.

- Alles, was ich will, kommt leicht und mühelos zu mir.

- Ich bin dabei, eine Stelle zu finden, die mir und meiner Familie finanzielle Sicherheit bietet.

- Während ich spreche, strömt Reichtum in meine Familie

FINANZ- UND VERMÖGENSANSPRÜCHE

- Ich bin wohlhabend in allem, was ich tue

- Alle Hindernisse und Hemmnisse für meinen Wohlstand sind beseitigt.

- Ich habe jetzt völlige finanzielle Freiheit, alles zu tun, zu sein und zu haben, was ich will.

- Jetzt werde ich von Tag zu Tag wohlhabender.

- Ich habe einen kontinuierlichen Überfluss an Geld, der mir immer zufließt

- Ich bin jetzt dauerhaft frei von Schulden und jeder Art von Geldproblemen.

- Ich denke immer positiv über Geld.

- Ich habe viele finanzielle Möglichkeiten.

FINANZ-UND VERMÖGENSANSPRÜCHE

- Ich finde immer einen Weg, um einen großen Gewinn zu erzielen.

- Ich bin reich und wohlhabend.

- Ich vertraue darauf, dass ich auf eine Weise geführt werde, die erstaunliche Ergebnisse bringt.

- Ich fülle meinen Geist mit der Idee des Überflusses, und Überfluss manifestiert sich in all meinen Angelegenheiten.

- Ich erkenne meine wahre Quelle und lasse Wohlstand in jede meiner Erfahrungen einfließen.

- Mein Partner und ich übernehmen regelmäßig die Kontrolle über unsere Finanzen und unser Budget.

FINANZ-UND VERMÖGENSANSPRÜCHE

- Ich beginne heute, mich für immer größeren Wohlstand zu öffnen.

- Mein Einkommen steigt ständig.

- Jetzt erhalte ich mein Gut sowohl aus erwarteten als auch aus unerwarteten Quellen.

- Ich bin umgeben von sehr klugen, super effektiven und brillanten Geschäftsleuten...

- Überfluss umgibt mich. Heute beanspruche ich meinen Anteil.

- Meine Gedanken an Wohlstand schaffen meine wohlhabende Welt.

- Mein Leben ist mit einer Fülle von Gütern gefüllt.

FINANZ-UND VERMÖGENSANSPRÜCHE

- Unter der Führung der Höheren Macht ist mein Leben voller freudigem Erfolg und reichem Überfluss.

- Ich löse alle Gefühle von Mangel und Einschränkung. Ich nehme mit Freude den Segen der Freude und der Fülle an.

- Heute ist sie reich an Möglichkeiten, und ich öffne mein Herz, um sie zu ergreifen.

- In meinem Leben fließt das Geld frei und reichlich.

- Geld anzuziehen ist einfach.

- Ich bin mein eigener Chef. Ich arbeite, wann ich will, wo ich will und wie ich will, und ich werde für meine Bemühungen gut bezahlt.

- Ich bin ein Milliardär.

FINANZ-UND VERMÖGENSANSPRÜCHE

- Das Geld kommt leicht und mühelos zu mir.

- Ich bin offen und empfänglich für neue Einkommensmöglichkeiten.

- Ich ziehe den Überfluss ohne Anstrengung an.

- Ich verdiene es, reich zu sein.

- Mir geschehen wunderbare Dinge, weil ich mit einer Haltung der Dankbarkeit lebe.

- Ich bin all dessen würdig, was mein Herz begehrt. Es ist mein göttliches Erbe!

- Ich stelle mir Überfluss für mich und andere vor.

FINANZ-UND VERMÖGENSANSPRÜCHE

- Bei mir kommt immer mehr Geld rein als raus.

- Ich erlaube mir, mehr zu haben, als ich je für möglich gehalten hätte.

- Ich glaube fest an meine Fähigkeit, Geld anzuziehen.

- Ich habe eine Geldmentalität.

- Geld scheint immer in meine Richtung zu kommen.

- Ich ziehe natürlich Geld und materiellen Überfluss an.

- Ich vertraue darauf, dass alles zum richtigen Zeitpunkt und auf die richtige Art und Weise kommen wird.

FINANZ-UND VERMÖGENSANSPRÜCHE

- Ich gebe mich meinem höheren Gut hin.

- Ich lade das Gute ein und lasse es in mein Leben ein.

- Ich sorge auf meinem Weg reichlich für mich selbst.

- Ich kenne meinen Wert, ich ehre meinen Wert.

- All das Geld, das ich ausgebe, bereichert die Gesellschaft und kehrt um ein Vielfaches zu mir zurück.

- Mein Leben ist voll von Überfluss.

- Ich konzentriere mich darauf, Wohlstand zu erreichen.

FINANZ-UND VERMÖGENSANSPRÜCHE

- Mein Bankkonto scheint nie aufzuhören zu wachsen.

- Ich bin sehr darauf bedacht, finanziellen Erfolg zu erzielen.

- Ich bin für den Empfang offen.

- Ich habe ein gutes Gefühl bei all dem Geld, das ich ausgebe.

- Mein Geld ist eine Quelle des Guten für mich und andere.

- Ich bin finanziell unabhängig und frei.

- Ich habe jetzt ein großes, stabiles, zuverlässiges und dauerhaftes finanzielles Einkommen.

FINANZ-UND VERMÖGENSANSPRÜCHE

- Die Höhere Macht sehnt sich danach, mir Gutes zu bringen!

- Ich bin erfüllt vom Wissen um den Willen der Höheren Macht in aller Weisheit und mit allem spirituellen Verständnis, Sein Wille ist mein Wohlstand.

- Ich verbiete mir, Gedanken an Versagen und Niederlage in meinem Kopf zu verweilen.

- Ich bin erfüllt von der Weisheit der Höheren Macht, und ich werde dazu geführt, weise und wohlhabende finanzielle Entscheidungen zu treffen. Der Geist der Höheren Macht führt mich in alle Wahrheit bezüglich meiner finanziellen Angelegenheiten.

- Die Höhere Macht lässt meine Gedanken mit Seinem Willen übereinstimmen?meine Pläne sind festgelegt und erfolgreich.

FINANZ-UND VERMÖGENSANSPRÜCHE

- Nachdem ich die Fülle der Gnade und das Geschenk der Gerechtigkeit empfangen habe, regiere ich als König im Leben.

- Ich habe immer Geld.

- Ich ziehe finanziellen Überfluss an.

- Mein Geist ist gut darauf eingestellt, massiven Reichtum anzuziehen.

 FINANZ-UND VERMÖGENSANSPRÜCHE

Kapitel 4:Finanzielle Zitierungen bei Investitionen

Um gute Investitionskenntnisse zu haben, muss man Inspiration und Kenntnisse in bestimmten Bereichen haben. Sehen wir uns Zitate aus einigen dieser speziellen Bereiche an.

Fähigkeiten, die Sie benötigen

- "Der einzelne Investor muss sich konsequent als Investor und nicht als Spekulant verhalten. - Ben Graham Sie sind ein Investor, nicht jemand, der die Zukunft vorhersehen kann. Begründen Sie Ihre Schlussfolgerungen mit wahren Fakten und

FINANZ-UND VERMÖGENSANSPRÜCHE

Analysen und nicht mit riskanten und unsicheren Prognosen.

- "Es geht nicht darum, wie viel Geld Sie verdienen, sondern wie viel Geld Sie sparen, wie viel es Sie kostet und für wie viele Generationen Sie es sparen. Robert Kiyosaki

Wenn man in den ersten Jahren Millionär ist, aber in der Mitte des Lebens alles verliert, hat man viel Geld verdient. Wachsen Sie und schützen Sie Ihr Investitionsportfolio, indem Sie es sorgfältig diversifizieren, und Sie werden viele kommende Generationen finanzieren müssen.

- "Wissen, was man besitzt, und wissen, warum man es besitzt. - Peter Lynch Machen Sie Ihre Hausaufgaben, bevor Sie eine Entscheidung treffen. Und wenn Sie eine Entscheidung getroffen haben, sollten Sie Ihr Portfolio rechtzeitig neu bewerten. Eine sinnvolle Beibehaltung jetzt ist vielleicht keine sinnvolle Beibehaltung später.

- "Finanzieller Frieden ist nicht der Erwerb von Dingen. Es geht darum, zu lernen, von weniger zu leben, als man verdient, damit man das Geld zurückzahlen kann und Geld zum Investieren hat. Solange Sie das nicht tun, können Sie nicht verdienen". - Dave Ramsey

Wenn Sie bei Ihren Ausgaben bescheiden sind, können Sie sicherstellen, dass Sie genug für Ihren Ruhestand haben und auch der Gemeinschaft etwas zurückgeben können.

- "Investieren sollte eher so sein, dass man zuschaut, wie Farbe trocknet oder Gras wächst. Wenn Sie Aufregung wollen, nehmen Sie 800 Dollar und fahren Sie nach Las Vegas. - Paul Samuelson

FINANZ-UND VERMÖGENSANSPRÜCHE

Wenn Sie das Gefühl haben, dass Investieren ein Glücksspiel ist, machen Sie es falsch. Die damit verbundene Arbeit erfordert Planung und Geduld. Dennoch, die Gewinne, die Sie im Laufe der Zeit sehen, sind rührend!

- Die Fonds in der Investitionswelt enden nicht bei einem Vier-Jahres-Minimum; sie enden bei einem 10- oder 15-jährigen Minimum. - Jim Rogers Obwohl Zehn- oder Fünfzehn-Jahres-Tiefs nicht typisch sind, kommen sie doch vor. In diesen deprimierenden Zeiten sollten Sie sich nicht scheuen, um die Kurve zu gehen und zu investieren; Sie könnten mit einem Schritt ohne Angst ein Vermögen verdienen - oder alles verlieren.

- "Ich werde Ihnen sagen, wie Sie reich werden können. Schließen Sie die Türen. Fürchten Sie sich, wenn andere gierig sind. Sei gierig, wenn andere ängstlich sind". - Warren Buffett

FINANZ-UND VERMÖGENSANSPRÜCHE

Seien Sie bereit, in einem fallenden Markt zu investieren und in einem steigenden Markt "auszusteigen".

- "Der Aktienmarkt ist voll von Individuen, die den Preis von allem, aber den Wert von nichts kennen. - Phillip Fisher Ein anderer Beweis dafür, dass Investitionen ohne Ausbildung und Forschung letztendlich zu bedauerlichen Investitionsentscheidungen führen werden. Forschung ist viel mehr als nur die öffentliche Meinung zu hören.

- "Bei Investitionen ist das, was bequem ist, selten rentabel." - Robert Arnott

Von Zeit zu Zeit werden Sie aus Ihrer Komfortzone heraustreten müssen, um signifikante Gewinne zu erzielen. Verstehen Sie die Grenzen Ihrer Komfortzone und trainieren Sie in kleinen Dosen außerhalb dieser Zone. So viel wie Sie den Markt kennen, müssen Sie auch sich selbst kennen: Kommen Sie damit zurecht, auf dem Markt zu bleiben, wenn sich alle anderen zurückziehen, oder während der größten Rallye des Jahrhunderts auszusteigen? Auf diese Art der Selbstanalyse kann man nicht stolz sein. Das größte Investitionsprogramm kann zum schlimmsten werden, wenn man nicht den Mumm hat, daran festzuhalten.

- "Wie viele Millionäre kennen Sie, die durch Investitionen auf Sparkonten reich geworden sind? Ich habe nichts mehr zu sagen". - Robert G. Allen

Während eine Investition in Ersparnisse eine sichere Sache ist, werden Ihre Erträge angesichts der zu niedrigen Zinssätze minimal sein. Geben Sie eine jedoch nicht ganz auf. Ein Sparkonto ist ein zuverlässiger Ort für einen Notfallfonds, eine Marktinvestition hingegen nicht.

FINANZ-UND VERMÖGENSANSPRÜCHE

- Investieren Sie in sich selbst. Ihre Karriere ist der Motor Ihres Reichtums. - Paul Clitheroe

Wir alle wollen Reichtum, aber wie bekommen wir ihn? Es beginnt mit einer erfolgreichen Karriere auf der Grundlage Ihrer Talente und Fähigkeiten. Investieren Sie in sich selbst mit Bildung, Büchern oder einem hochwertigen Arbeitsplatz, an dem Sie hochwertige Fähigkeiten entwickeln können. Identifizieren Sie Ihre Talente und entdecken Sie einen Weg, sie in ein einkommensschaffendes Monster zu verwandeln. Auf diese Weise können Sie Ihre Karriere wirklich für den Wohlstand nutzen.

- "Ab und zu macht der Markt etwas so Dummes, dass einem der Atem stockt". - Jim Cramer Im Investitionsbereich gibt es keine sicheren Wetten; alles ist mit Risiken verbunden. Seien Sie auf die Höhen und Tiefen vorbereitet.

FINANZ-UND VERMÖGENSANSPRÜCHE

- "Ich würde nicht im Voraus bezahlen. Ich würde an Ihrer Stelle investieren und es durch die Investitionen decken lassen. - Dave Ramsey

Eine perfekte Antwort auf die Frage: "Soll ich meine _____ (füllen Sie das Formular aus) bezahlen oder in den Ruhestand investieren? Allerdings kann ein Kreditkartenguthaben von 30% zu einem schwarzen Loch werden, wenn es nicht umgehend bezahlt wird. Im Wesentlichen tilgt sie Schulden zu hohen Zinssätzen und hält Schulden zu niedrigeren Zinssätzen.

- "Eine Investition in Wissen zahlt die besten Zinsen". - Benjamin Franklin

Wenn es eine Frage der Investition ist, wird nichts mehr als die eigene Schulbildung bezahlen. Führen Sie die notwendigen

Untersuchungen, Studien und Analysen durch, bevor Sie Schlussfolgerungen über die Investition ziehen.

- "Die vier gefährlichsten Wörter für Investitionen sind: Dieses Mal ist es anders." - Sir John Templeton

Verfolgen Sie die Trends und die Geschichte des Marktes. Spekulieren Sie nicht darauf, dass dieser spezielle Zeitpunkt anders sein wird. Ein wichtiger Schlüssel für die Investition in einen bestimmten Aktien- oder Rentenfonds ist zum Beispiel seine Ausführung über fünf Jahre.

- "Eine breite Diversifizierung ist nur dann notwendig, wenn die Anleger nicht verstehen, was sie tun. - Warren Buffett

Ursprünglich ist die Diversifizierung von entscheidender Bedeutung. Wenn Sie erst einmal nasse Füße bekommen haben und

FINANZ-UND VERMÖGENSANSPRÜCHE

von Ihren Investitionen überzeugt sind, können Sie Ihr Portfolio entsprechend anpassen und größere Wetten abschließen.

- "Es gibt Rezessionen, es gibt Rückgänge an der Börse. Wenn Sie nicht verstehen, dass das passieren wird, dann sind Sie nicht bereit, Sie werden auf den Märkten nicht gut abschneiden. - Peter Lynch.

Wenn Sie von Rezessionen oder Rückgängen betroffen sind, müssen Sie den Kurs halten. Die Wirtschaft ist zyklisch, und die Märkte haben gezeigt, dass sie sich erholen werden.

Stellen Sie sicher, dass Sie ein Teil davon sind!

Die Investitionswelt kann kalt und schwierig sein.

FINANZ-UND VERMÖGENSANSPRÜCHE

Wenn Sie jedoch gründlich recherchieren und einen klaren Kopf behalten, sind Ihre Chancen auf langfristigen Erfolg überzeugend.

Lesen Sie diese Zitate noch einmal, wenn Sie sich beim Investieren unsicher oder verunsichert fühlen. Inwiefern sind sie für Ihre Erfahrung relevant? Haben Sie Zitate hinzuzufügen?

FINANZ-UND VERMÖGENSANSPRÜCHE

Kapitel 5: Schlussfolgerung

Sie können Ihre Affirmationen mit einem Wort intensivieren: Leicht.

Ich bringe hunderttausend Dollar im Monat ein, während ich locker hunderttausend Dollar im Monat einbringe.

Beachten Sie, wie das Wort leicht ein Gefühl der Ruhe hervorruft und die günstige emotionale Wirkung der Affirmation verstärkt?

Hier sind einige zusätzliche Möglichkeiten, Ihre Affirmationen stärker zu machen:

 FINANZ-UND VERMÖGENSANSPRÜCHE

Achten Sie darauf, dass Ihre Affirmationen mutig, klar und positiv sind.

Üben Sie täglich eine halbe Stunde lang, Ihre Affirmationen zu sagen. Sagen Sie sie in Ihrem Kopf und laut, auch wenn es peinlich ist. Ihre neue Vision erfordert Mut, und Sie können nicht warten, bis Ihre Bekräftigungen echt erscheinen - sie werden nicht echt erscheinen, bis Sie anfangen, sie zu glauben.

Wenn Sie beginnen, Ihre Affirmationen in Frage zu stellen, erkennen Sie, dass Ihr Unterbewusstsein Ihnen ein Signal sendet, das auf Ihrer Konditionierung beruht - nicht auf dem, was Sie zu erreichen vermögen.

Fahren Sie fort, sich wieder auf das Verfahren einzulassen. Jedes Mal, wenn Sie sich ein höheres Ziel setzen, widmen Sie sich der Neuartikulation dieses Ziels und prägen Sie es in Ihr Unterbewusstsein ein.

Ergreifen Sie zusätzlich zu Ihrer Bekräftigung Maßnahmen.

Eine Affirmation führt nicht zu Ergebnissen in Ihrem Leben, es sei denn, Sie haben den richtigen Plan, um diese Affirmation zu unterstützen, und ergreifen täglich Maßnahmen nach diesem Plan.

Wenn Sie einen Überfluss an Bargeld haben wollen, um Ihre Bedürfnisse zu befriedigen, praktizieren Sie diese Affirmation für Bargeld: "Ich habe immer einen Überfluss an Bargeld, um alle meine Bedürfnisse zu befriedigen.

Wiederholen Sie es viele Male, und hören Sie dann auf zu bejahen. Seien Sie still, wenn Sie erkennen, sich vorstellen und fühlen, wie es ist, wenn Sie den gewünschten Geldbetrag bereits haben.

FINANZ-UND VERMÖGENSANSPRÜCHE

Fühlen Sie sich, als ob es bereits geschehen ist und dass alle Ihre Bedürfnisse mehr als befriedigt sind. Solange Sie sich in diesem Zustand befinden, seien Sie offen für alle Mittel und Wege, mit denen Sie Geld in Ihr Leben bringen können, um all Ihre Bedürfnisse zu befriedigen.

Wählen Sie die Affirmationen aus, die Ihnen angemessen erscheinen, die mit Ihnen mitschwingen oder die Ihre Emotionen ansprechen. Es ist von entscheidender Bedeutung, dass die Worte sich für Sie angenehm anfühlen und dass sie mit dem übereinstimmen, was Sie sind. Fühlen Sie sich frei, eines für Ihren speziellen Bedarf zu produzieren, indem Sie andere Wörter, die eine besondere Bedeutung für Sie haben, ersetzen.

Denken Sie daran, dass Affirmationen ein wenig Zeit brauchen, aber wenn Sie das Verfahren einmal begonnen haben, werden Sie überrascht sein, wie schnell das geschieht.

FINANZ-UND VERMÖGENSANSPRÜCHE

Am Anfang fühlt es sich an wie viel Arbeit ohne viel Ergebnis, aber bald beginnt die Dynamik des Verfahrens zu greifen.

In Ihrem Inneren befindet sich ein Stern, der sich ausdrücken will. Alles, was Sie tun müssen, ist zu lernen, wie Sie Ihre bewussten Fähigkeiten nutzen können, um sich die fantastische Kraft des Unterbewusstseins zunutze zu machen.

Zum Schluss (lesen Sie dies laut vor): Ich erreiche alles, was ich mir vorgenommen habe.

ERFOLG UND WOHLSTAND!!!!

Besuchen Sie unsere Website! Holen Sie sich weitere Bücher von MENTES LIBRES!

https://www.amazon.de/MENTES-LIBRES/e/B08274DDV4?ref_=dbs_p_ebk_r00_abau_000000

Wenn Sie möchten, können Sie Ihren Kommentar zu diesem Buch hinterlassen, indem Sie auf den folgenden Link klicken, damit wir uns weiter entwickeln können! Vielen Dank für Ihren Kauf!

https://www.amazon.de/dp/B0892V2WBQ

www.ingramcontent.com/pod-product-compliance
Lightning Source LLC
Chambersburg PA
CBHW071121240526
45465CB00022B/756